I0504631

Design da capa por: Toninato Tech

Impresso na República Federativa do Brasil

PREFÁCIO

Nesse momento da leitura peço que tenha uma visão atemporal, pois alguns eventos serão narrados sem ordem cronológica, mas, será apresentada como foram sendo lembradas; os capítulos do livro segue uma ordem, pois, as datas são os dias em que foram escritos.

BASIS

Para onde ir, sendo eu

o ponto de partida?

Conteúdo

Como tudo começou...

Nascido de pais empreendedores, a época de meu nascimento, tínhamos um bar no estado do Mato grosso do Sul, que depois foi vendido para que minha família se mudasse para Rondônia, lá meus pais montaram uma espécie de lanchonete e restaurante, na década de 1980 a região era carente de bons estabelecimentos. Minha mãe era excelente cozinheira, limitada em conhecimento gastronômico, entretanto, o que sabia fazer era realizado com excelência e carinho.

A busca pela liberdade financeira em minha família (pai e mãe) sempre foram sentidas, enquanto ficaram juntos, tiveram bares, restaurantes, lanchonetes e até uma chácara arrendaram, este fato foi antes do meu nascimento. Talvez, se tivessem dado continuidade ao casamento poderiam estar muito bem de vida. Minha mãe sempre foi um exemplo de pessoa em busca da independência financeira, estava sempre pensando em algo que poderia fazer para vender e ter lucro, era uma pessoa desapegada, doadora por natureza, preocupada com o futuro dos filhos. Essa parte da minha vida com meus pais aproximadamente oito anos, mais ou menos, foi quando eles se separaram. Meu pai ficou em Rondônia, minha mãe, meu irmão e eu, fomos para o estado de São Paulo. Aqui começa o aprendizado sobre superação, empreendedorismo, controle de gastos, o que vivi nos próximos oito anos de minha vida carrego até hoje. Fico devendo a minha mãe o dever de ter aplicado o conhecimento transmitido.

A primeira lição de coragem e empreendedorismo veio com o pedido de demissão de minha mãe a prefeitura, o tão sonhado cargo público por alguns era um pesadelo para ela. Um dia o diretor da escola onde ela desempenhava suas atribuições lhe passou aquele sermão, sobre como as coisas deveriam ser e coisa e tal. Ela se sentiu a pessoa mais humilhada do mundo, pois a coisa toda foi uma forma de exibicionismo por parte do superior, pegou ela para servir de exemplo. Pois bem, ela que há muito vinha descontente com a rotina de trabalho fez a seguinte declaração para mim, seu "fiel escudeiro", "comprarei dez quilos de trigo e farei pães para vender, e nunca mais f!/#@)@ &*/@ nenhum irá falar de novo assim comigo". Acabado o expediente dela, tomamos a direção contrária à nossa casa, estávamos indo ao mercado comprar trigo, na minha inocência de criança aquilo tudo era ótimo, eu iria passar mais tempo com ela, já que não iria mais trabalhar, eu a amava e admirava muitíssimo. E lá fomos nós com o trigo para casa.

Tivemos então a primeira objeção, meu padrasto protestou veementemente contra a "loucura" que minha mãe estava para cometer, onde já se viu fazer esse disparate, largar o certo pelo duvidoso. E se não desse certo? E se minha mãe ficasse doente, quem faria os pães para vender?

Objeções rebatidas por minha mãe com firmeza e determinação

de quem tem um objetivo e um desejo determinado, que não se abateria tão facilmente. Lembro-me a primeira vez que fomos a feira, sim eu ia com ela todos os dias de feira, os pães acabaram em duas horas de vendas naquela manhã de domingo. Voltamos para casa, felizes, minha mãe com aquele brilho nos olhos que todo empreendedor que bate a meta tem, disse "não volto mais lá" e assim foi feito.

Determinação e esforço, meta traçada e objetivo definido, podem levar você a um novo patamar, decida hoje o que você quer para sua vida, defina quais são seus planos, trace suas metas, levante a cabeça e diga em um tom que você consiga ouvir sua própria voz e faça sua declaração de independência. Declare ao mundo e a você mesmo o que deseja. Não pense em desistir, não se deixe desanimar, não se deixe abater pelos pessimistas de plantão.

Outro evento marcante foi a compra da casa pela minha mãe, foi o primeiro episódio da minha vida em que minha mãe me ensinou sobre desejo e objetivo definido. Quando meus pais se separaram nós viemos de Rondônia para São Paulo, inicialmente fomos morar na casa da minha irmã, nos primeiros meses a coisa transcorria tranquilamente, então, um dia minha mãe disse "no máximo em dois anos eu estarei dentro da minha casa e não será de aluguel". Nesse dia minha mãe colocava a força mais poderosa do universo em ação, ela disse o que queria e foi colocar em prática o que havia professado. Não importava o que ela faria para conseguir, ela iria dar o seu melhor para realizar a empreitada. Durante o processo de conseguir da tal casa, ela não deu ouvido ao pessimismo, apenas trabalhou e viveu, teve um período de estudo, arrumou um namorado (meu padrasto), ela riu e chorou, descansou e festejou, ajudou pessoas, amou a família e a protegeu.

Foi mãe, avó, namorada, elogiada e invejada, isso foi natural na busca dela pelo sucesso, ela chegou ao seu ápice. Ela me apresentou seu melhor lado, apresentar essa mulher fantástica para pessoas que buscam exemplo real é uma oportunidade maravilhosa. A saga dessa amazona moderna para cuidar dos filhos é deveras inspiradora, nunca se abatendo diante das barreiras que se ergueram perante ela, mas sempre inspirando a busca pela excelência.

Esse livro é uma declaração de amor aos meus pais, em especial a minha mãe, as lições recebidas não serão jamais esquecidas, o amor devotado ainda é sentido, a gratidão será eterna.

CAPÍTULO 1

Visão

Data: 17/12/2015

Estava pensando sobre uma publicação que pudesse impactar as pessoas, mas ai me veio uma ideia, não posso impactar ninguém que não esteja buscando por isso, essa coisa de querer impactar o outro é na verdade uma busca interna de quem quer causar essa mudança no outro e ao mesmo tempo mudar a si mesmo. Não que não exista a mudança no outro, mas ele já buscava por ela, o que quero dizer é que somente posso sugerir mudança a alguém que já busque por isso, ou seja, pessoas com os mesmos interesses se juntarão para se impactarem e/ou mudarem mutuamente. Pode ser que essas mudanças sejam lentas ou rápidas depende de individuo para individuo, o importante é que a mudança tenha inicio; que comece no interior e possa se tornar visível no exterior, dessa forma podemos atestar a mudança, o impacto.

Com certeza a mudança ocorre sempre no interior, para que dessa forma possa ser duradoura, ela deve brotar do anseio pela melhoria, o pedido de transformação deve gritar dentro do coração, essa ânsia deve fazer estremecer todo o corpo ante o novo. Diante da possibilidade da mudança os olhos devem brilhar, todo o pensamento deve se voltar para essa possibilidade, deve se ter uma certeza, bem como, uma fé inabalável de que o que esta por vir é o melhor que pode ocorrer. A certeza deve ser o seu escudo contra o pessimismo alheio e a inveja, disfarçada de cuidado, a fé deve ser a espada que desvencilha e desembaraça os caminhos daquele que busca pela mudança. Uma vez instalada a mudança no mais profundo do seu ser deve sempre ser motivada, se não houver desafios e manutenção constante desses novos pensamentos e ações, corre-se o risco de cair na mesmice, ou seja, não devemos jamais nos conformar com menos do que podemos e sabemos que podemos alcançar.

CAPÍTULO 2

Gratidão

Data: 20/12/2015

N a maioria das vezes os favores prestados são envoltos numa espécie de embrulho em que está escrito "você me deve". E quando essas dívidas não são quitadas, as pessoas ficam tristes, magoadas, sentindo-se injustiçadas, pois deram algo e nada tiveram em troca, dessa forma tornam-se fracas, pois sofrem por algo em que não há certeza, sofrem por algo que é passageiro, essa divida não é eterna, aliás, não existe dívida nesses casos. Devemos ajudar as pessoas sem esperar nada em troca, quando ajudamos alguém estamos na verdade ajudando a nós mesmo, é como se treinasse nosso próprio ego para receber sem se torturar por não poder, muitas das vezes, retribuir, pois, na maior parte do tempo nos cobramos ou somos orgulhosos demais para receber ajuda, ficamos envergonhados por receber ajuda.

Ser grato não tem nada a ver com pagar por algo que nos foi oferecido num momento de "fraqueza" ou mesmo ser bajulador de alguém que nos prestou algum tipo de ajuda, ser grato é manter um sentimento de amor pelo outro a ponto de ajudar e permitir ser ajudado em determinado momento, é abrir os olhos e ver que tudo no mundo merece gratidão, desde o ar que respiramos até as pessoas que nos cumprimentam aonde quer que cheguemos. Às vezes somos orgulhosos e nos trancamos numa couraça que não nos permite mostrar nossa verdadeira face, ficamos receosos de agradecer pela gentileza ofertada de bom coração e apenas acenamos em sinal de aprovação. Quantos bons contatos (network) surgiriam se agradecêssemos mais as pessoas, quantos amores brotariam, quantos sorrisos, quantas conversas amigáveis, enfim, muitas coisas positivas seriam construídas se derrubássemos essas muralhas erguidas à nossa volta pela vida corrida que levamos hoje.

Gratidão está ligada ao estado de espírito, elevemos, então, nossos espíritos (sem falar de religião), sejamos mais altruístas, benevolentes, augustos, ou seja, façamos o bem sem olhar a quem, como ensinaram nossos antepassados.

CAPÍTULO 3

Oportunidade

Data: 23/12/2015

C omumente vemos pessoas dizerem que não obtêm o sucesso almejado em suas carreiras profissionais devido à falta de oportunidade, que suas vidas não tem sentido, pois não estudaram ou não aprenderam o suficiente, mas que se tivessem uma oportunidade tudo seria diferente. Contudo, até que ponto nisso tudo essa oportunidade foi mesmo á causadora de tamanha infelicidade, seria realmente necessário que uma benesse caísse do céu, na forma de oportunidade, para mudar a sorte na vida dessas pessoas?

Tantos são os relatos de pessoas talentosas, nas mais diversas áreas, de que sua sorte aumentou na mesma proporção em que aumentaram suas horas de prática em sua atividade, partindo do mesmo princípio, então, a oportunidade pode ser "treinada", observando o que se deseja e buscando visualizar onde pode ocorrer o encontro com essa oportunidade. Dificilmente quem deseja uma vaga de emprego numa empresa de grande porte, irá encontrar alguém oferecendo essa vaga em um bar, por outro lado, vai encontrar com muita facilidade no anuncio de classificados (sites de agencias de emprego), agência de empregos e outros de mesma linha.

O que se propõe é que se busque a oportunidade ao invés de esperá-la sentado pacientemente. Crie a oportunidade, crie a demanda pela sua atividade, apresente ao mercado o que você está vendendo e o motivo pelo qual eles precisam de você, não busque reinventar a roda, mas, pode sempre melhorá-la. Pense sempre em como melhorar algo que já existe ou criar algo novo, em ambos os casos veja sempre o problema de alguém e disso entregue uma solução, ou seja, você tem ai á oportunidade de solucionar um problema. Seja um buscador de problemas e entregue a solução para esses problemas, Agindo dessa forma, terá a ferramenta para criar suas próprias oportunidades.

CAPÍTULO 4

Limite

Data: 27/12/2015

Q uando nascemos, ainda não temos a noção de limites, por conta disso acontecem as mais incríveis aventuras e testamos a resistência cardíaca de nossos pais á todo momento, contudo, com o passar dos anos somos moldados sob uma nova ótica, a da razão, ou seja, devemos desenvolver um limite, tanto para nossas pequenas aventuras infantis, como também para nossa conduta como adultos. Passamos a agir segundo certas regras e acordos sociais, devemos á todo momento nos policiar com o que dizemos, seremos á todo momento cobrados sobre nossa conduta. Sob esse novo modelo, somos então educados para conviver dentro de uma comunidade, que também foi moldada dessa forma, e que tendo sido assim estruturada, não aceitam ou não verão com bons olhos quem tem o desejo de querer ser mais que o que lhe foi dito que seria, esse, na maioria das vezes, tem sua vontade podada por aqueles que seguem fielmente a ideia de restrição, ou seja, muitas vezes a própria sociedade, o próprio meio onde este indivíduo se encontra, irá limitar seus horizontes, incutindo a ideia de que este deve desenvolver e viver com menos potencial do que poderia demonstrar.

O limite somos nós mesmos quem determinamos, se a relação é prejudicial ao seu crescimento, rompa a ideia de ficar preso a alguém que não quer te deixar crescer; se a cultura de trabalho onde você está inserido não é baseada em meritocracia e privilegia o puxa-saquismo ao invés de quem trabalha, quebre esse vínculo e busque uma empresa que lhe permita crescer e que te dê incentivos para tal. Não se deixe escravizar pelos limites impostos á você, não aceite ser menos do que você sabe que pode ser, ou seja, jamais deixe alguém delimitar seu crescimento; por outro lado, existem pessoas que querem te ver pensar fora da caixa, muitas vezes estão querendo fazer com que você saia fora da caixa, ela pode estar dizendo, mesmo que indiretamente, que você pode mais. Seja sempre mais do que o lugar que ocupa, queira sempre mais. Desejar evoluir, crescer constantemente não é pecado, desejar ter uma renda maior não é pecado. Infelizmente, temos introduzido em nossa cultura, algo que diz mais ou menos assim "quando alguém quer mais, ele é ganancioso", e isso é visto como algo feio ou detestável; temos que romper essa concepção, nada tem de errado em querer ser maior, em melhorar profissionalmente, ter uma renda melhor. Devemos ter cuidado com quem comentamos nossas aspirações, para que não saiam dizendo inverdades, nos descredenciando, muitas das vezes perante nossos pares.

O céu é o limite para quem quer sempre mais, incendeie dentro de você esse desejo, deixe-o queimar dentro de você todo o medo de se arriscar, toda indecisão, toda insegurança, e assim como a ave mitológica, fênix, renasça das cinzas muito mais forte. Persiga o sucesso, insista, aprenda, esteja perto daqueles que querem o mesmo que você; saiba reunir bons companheiros, na maioria das vezes rompermos limites importará também romper relacionamentos.

CAPÍTULO 5

Resiliência

Data: 29/12/2015

Há algum tempo venho querendo escrever sobre este tema, hoje me parece um bom dia, depois de ter uma conversa com um colega de trabalho, sobre algo relacionado com esse assunto e de ter-lhe explicado alguma coisa sobre, tomei a decisão de discorrer sobre o tema resiliência. Meu colega relatou estar passando por um momento difícil profissionalmente, algo como um questionamento sobre o motivo de fazermos nosso trabalho, expliquei-lhe sobre resiliência, mesmo sem ter usado este termo, que significa a capacidade que tem o ser humano de se restaurar psicologicamente após algum evento traumático, assim como o elástico que volta ao tamanho normal após ser esticado. É muito comum num ambiente laboral estressante, que, após uma jornada de trabalho, o funcionário queira relaxar e deixar de lado o que foi vivenciado, contudo, muitas vezes, por algum motivo, esse trabalhador não consegue separar o ambiente laboral nocivo, da paz de seu lar. O trabalhador termina levando para dentro do seu lar a problemática vivida no local de trabalho, ao invés de descansar e relaxar, aproveitando o tempo de descanso com a família, muitas vezes por conta dessa pressão no trabalho e pelo estresse vivido, ele começa a se isolar, fazendo, dessa forma, com que seus entes sofram também com sua ausência e na maioria das vezes quando está presente, apenas seu corpo está lá, a mente viaja em espirais de pensamentos atordoantes e cansativos.

O aconselhável para o profissional que passa por esse momento é buscar ajuda profissional, buscar passar momentos prazerosos com a família, praticar esportes, buscar atividades relaxantes, e se for o caso, poderá até buscar uma nova atividade profissional. O mais importante é buscar vivenciar o mínimo possível esses momentos de estresse, buscar uma blindagem emocional contra esse tipo de situação, não se deixando afetar por momentos de grande negatividade ou demasiado desgaste emocional.

Cada organismo responde de maneira diferente ao estresse, seja aumentando ou diminuindo o ritmo de trabalho, motivando-se, ou não, frente ao desafio. O meu conselho, ao colega em questão, foi o de buscar ajuda profissional (médica ou terapêutica), atividades prazerosas, práticas esportivas, desta forma, desligando-se da realidade estressante, quando fora do ambiente de trabalho. A atitude resiliente frente a momentos desgastantes é a melhor forma de prevenir distúrbios causados por situações estressantes, manter-se sereno e tranquilo pode render decisões com maior numero de acertos, evitando danos ao organismo, uma vez que frente a essas situações podemos desenvolver maus hábitos, sejam alimentares ou de outras naturezas danosas ao nosso corpo e mente. Devemos, portanto, buscar sempre a serenidade frente situações de grandes emoções, não sendo possível, que se busque relaxar após essas ondas de desgastes emocionais.

CAPÍTULO 6

Resiliência parte II

Data: 31/12/2015

Vou retomar o assunto resiliência, pois, a meu ver faltou complementar com alguma informação ou um exemplo, senti que ficou bom, mas pode ser melhor, faltou buscar a excelência. Continuando a linha de pensamento, podemos entender resiliência como sendo a capacidade que o ser humano tem de passar por uma situação traumática, se recuperar e ainda tirar algum aprendizado do ocorrido. Nesse quesito posso citar como exemplo meu filho de três anos e meio, nessa idade, qualquer "não" pode ser encarado como uma situação traumática, pois foi negado a ele o objeto do seu desejo, ou ainda, a perda de algum brinquedo de seu interesse, para nós é algo banal, para ele é quase o apocalipse nuclear.

Meu pequeno filhote tem uma resiliência que me deixa pasmo, sua capacidade de aprendizado com os seus "enormes" problemas enfrentados com toda sua astúcia, pois bem, sempre que lhe é negado algo, ele chora e esperneia, coisas normais para sua idade, mas logo em seguida ele retoma a calma e de uma forma toda diferente, através de uma nova abordagem ele faz outra investida, e se continuarmos negando, ele continuará mudando suas táticas, que logo se esgotam devido aos poucos conhecimentos, mas duas ou três mudanças de abordagem para essa idade, já me fazem pensar em quanto posso ser flexível e resiliente no meu cotidiano. Quando muitas vezes deixo para lá ou reclamo, poderia apenas aprender e apreender a lição daquele momento, assim como faz o meu rebento, que em tão tenra idade já consegue apreender a arte de aprender com os problemas e tentar mudar o angulo de visão sobre o mesmo problema.

O que eu quis dizer contando algo sobre meu filho, foi que dentro de sua simplicidade tem algo profundo, que é não se deixar dobrar pelos percalços que a vida nos serve de bandeja, mas saber que podemos tirar alguma lição disso tudo, sempre veja algo bom nas coisas, mesmo aquelas que parecem ser um problema trazem algo a ser aprendido. Quando um problema chegar até você, pare e reflita qual seria a melhor forma de lidar com esse desafio, foque a solução, o problema já está ali, busque a resposta, reflita sobre solucionar, não tenha medo de errar.

A chave da resiliência está em sair da experiência com um novo aprendizado, uma nova visão, uma autocrítica construtiva e relevante sobre a problemática resolvida. Seja qual for o problema, mergulhe de cabeça, volte renovado, melhor aparelhado dessa experimentação.

CAPÍTULO 7

Vontade de agir

Data: 01/01/2016

E stava pensando sobre algo para escrever e me veio a mente um trecho do filme Batman Begins (2005), durante o treinamento de Bruce Waine com Ra's Al Ghul, Bruce é levado a pensar sobre a morte de seus pais e o fato de seu pai não ter agido, ao que Bruce diz que seu pai não tinha treinamento para tal, então Ra's lhe diz a frase que motivou este texto - "Treinamento não é nada, vontade é tudo, a vontade de agir".

Um dos problemas que vejo em muitas pessoas atualmente é a passividade, acreditam que as coisas irão acontecer sem que elas precisem se mover, então ficam paradas e atrofiam suas vidas, atravessam pela existência como se dormissem, apenas existindo, não vivem, não são protagonistas de suas próprias vidas, aguardam sempre que alguém aja primeiro e depois empurrada pela multidão, ela irá apenas seguir o fluxo. Pessoas nessas condições estão sempre em busca de alguém que seja precursor, para se esconder sob sua sombra esperando a realização, para que assim possa trilhar o caminho sem enfrentar dificuldade alguma, como nunca provou o gosto de vencer desafios, ela se esconde atrás de mentiras ditas á si mesma, sobre não querer realizar nada, sobre como é bom não precisar se preocupar com o planejamento de determinado projeto. Esse tipo de pessoa busca sempre o caminho já trilhado ou fica apenas parada, escondendo-se das responsabilidades e criticando quem age e consegue chegar lá, na verdade as criticas são uma constante, seja em relação á falta de reconhecimento, seja por ver seus colegas, interessados, progredindo, a amargura se torna uma constante na vida dessas pessoas.

Por conta disso, devo dizer que você tem que colocar vontade em tudo, seja nas tarefas que julgar ser de pouca importância, devendo estas servir como aprendizado para realizar as de grande importância, uma vez que se descubra o que lhe dá a força da vontade, o que vai te motivar, aplique, essa motivação, busque sempre esse algo que lhe motiva. Descubra dentro de você a chave que liga o motor que fará com que alcance o seu melhor, aplique esse princípio ao seu cotidiano, coloque vontade na sua vida, no seu trabalho, nas relações profissionais ou familiares, motive-se, inspire-se, não espere que alguém faça algo por você, mova-se na direção para onde deseja que sua vida vá. A vontade de agir deve ser sua companheira constante, ela deve ser sua amiga, companheira, namorada, devendo ser apaixonado pela vontade de agir; aplicá-la em todos os sentidos, uma vida sem vontade é apenas existir.

Aplique esse princípio simples a sua vida, preencha sua vida de vontade, só você pode fazer isso, não adianta ler livros ou ver os melhores vídeos sobre motivação, lógico que isso também é importante, mas, é só você que pode mudar o rumo da sua vida, é só você que pode encontrar a vontade de agir, de fazer a coisa certa, de desbravar a vida, de realizar coisas, de transformar sua simplória existência numa vida fantástica, é só você e sempre será só você, tudo o mais serão apenas motivadores.

CAPÍTULO 8

Experimente o impossível

Data: 04/01/2016

A cabo de assistir um filme fantástico chamado "The walk" (A travessia - no Brasil), que narra a história real de uma travessia sobre cabo entre as torres gêmeas (EUA) na década de 1974, realizada pelo francês Philippe Petit (1949), que teve a inspiração para a façanha no consultório de seu dentista em Paris, resultando em seis anos de preparação para realizar a travessia, entre aprender tudo sobre os prédios, a movimentação dos funcionários, o envio de materiais, na data escolhida, 07 de agosto de 1974, ele realizou a travessia nada menos que oito vezes, feito imensamente divulgado pela imprensa da época. Ai você me pergunta: "mas o que eu quero com um maluco que atravessou de um prédio a outro na década de 1970?"

E eu lhe responderei no texto a seguir, no campo do impossível (não estou falando de religião) a concorrência é menor, não há espaço para dúvida, não há tempo para questionamentos irrelevantes, não há vagas para quem é acomodado, no campo do impossível somente os vencedores, somente aqueles que querem deixar um legado irão caminhar, lá os campeões se reconhecem e sabem que estão lá por merecimento, lá existe a certeza de que o trabalho bem feito, bem planejado, bem executado, gera frutos de sabor inigualável, quem opera nesse campo sabe reconhecer o sabor da vitória. Por qual motivo ele escolheu aqueles dois prédios que ainda estavam em construção, num país distante, sem a certeza de que daria certo (na mente dos que o ajudavam). Na mente de quem opera com o impossível, essa é apenas mais uma palavra, pois tudo já foi definido, já está tudo delineado, há a certeza no feito, há a certeza do desfecho positivo antes de acontecer, existe uma positividade exagerada de que já existe, de que já deu certo, de que é possível.

Na maioria das vezes vacilamos frente a pequenos obstáculos e nos colocamos numa situação de fragilidade, de inferioridade, de submissão aos percalços da vida, nos esquecemos de que temos um cérebro melhor do que qualquer computador existente na face da terra, que temos imaginação, criatividade, intuição, contudo, muitas vezes nos entregamos a uma letargia que nos consome a alma, e nos deixa um trapo humano. Dentro de todos nós existe algo de maravilhoso, que nos move sempre para frente, que nos faz querer sempre descobrir mais, fazer mais, e quando ativamos essa ferramenta maravilhosa chamada curiosidade é como se pudéssemos caminhar no céu e foi exatamente isso que ele fez, movido pela curiosidade infantil buscou aprender sobre o que lhe movia e foi atrás de realizar o que ninguém havia feito.

Será que não está na hora de realizar o que ninguém realizou ainda, será que tudo já foi inventado, será que todos os passos já foram dados, será que a busca pelo novo terminou, que todas as tecnologias já operam sem precisar de melhoramentos, tudo já está perfeito?

Pense bem antes de responder, reflita sobre sua vida, sobre o que você deseja viver, pense sobre sua vida hoje, sabendo que ela é resultado de suas ultimas escolhas e depois pense se vai continuar aceitando as coisas como elas são, sabendo que mudar é uma escolha que cabe a cada um de nós fazer. Devemos refletir sobre a situação atual, sabendo que as escolhas que tomamos agora irão se mostrar no futuro. O passado não existe, já aconteceu; o futuro não existe, ainda irá se definir, só existe o agora, como resultado das escolhas do passado e como oportunidade de escolhermos a melhor definição para o nosso futuro. Prepare-se para o futuro, mesmo que julgue demorar, prepare-se, defina hoje como será seu futuro. Busque sempre a excelência, é lá que nos encontraremos.

CAPÍTULO 9

Experimente o
impossível - parte II

Data: 06/01/2016

Tenho feito publicações em duas partes por duas razões, a primeira é que fica enfadonho um texto muito longo sobre determinado assunto, e a segunda é que tendo filho pequeno (três anos e meio) fica difícil escrever durante o dia, todos os meus textos fluem na madrugada. Continuando a minha visão sobre esse o filme - The Walk - devo acrescentar ao texto anterior sobre o foco da personagem, a concentração mantida durante as travessias na corda bamba.

Aprendi vendo esse filme como é preciso manter a mente quieta e limpa do medo do fracasso, muitas vezes o que nos derruba é pensar sobre o que os outros estão pensando, sobre o que poderão pensar, sobre situações hipotéticas, coisas que na maioria das vezes só existem dentro de nossa cabeça e que nos derrubam, seja na apresentação do projeto, seja na execução, devemos nos manter o mais calmo possível e aquietando a mente ao máximo, podemos utilizar vários métodos para isso, desde simplesmente dizer a nós mesmo que está tudo bem até buscar ajuda profissional quando vermos que estamos sendo realmente prejudicados. O problema é que na maioria das vezes por medo de sermos escarnecidos pelos colegas de trabalho, as pessoas que estão passando por problemas desse tipo se calam e na maioria das vezes preferem se anular, ao invés de assumirem que estão com problemas e pedir ajuda, quando não pedem por socorro acabam deixando dessa forma, muitas oportunidades irem para outras pessoas, não que estas não as mereçam. Casos assim são frequentes em organizações onde os lideres não estão atentos aos seus colaboradores e deixam verdadeiros talentos se fecharem em seus casulos de pensamentos e medo de enfrentar a situação, forjando falsas situações para não aparecerem, até que são deixadas de lado.

Manter o foco é necessário no trabalho, na vida familiar, em comunidade, em suma, devemos viver cada momento estando de verdade nesse momento, ultimamente, temos vivido em muitos lugares ao mesmo tempo, por conta das redes sociais e pela facilidade de acesso a internet, pelos aparelhos celulares e Iphones, cada vez mais numerosos. Estamos vivendo com foco no aparelho celular e desfocado do ambiente a nossa volta, muitas vezes mantemos contato com pessoas do outro lado do planeta e deixamos de conversar com a pessoa ao nosso lado. É importante que tenhamos todo esse contato, como estou tendo agora, o problema é quando perdemos o foco no que realmente é importante. Devemos estar sempre atento ao momento em que estamos vivendo e focar nesse momento, como se nada mais existisse, como se nada mais tivesse importância, como se o tempo parasse e só existisse esse momento, tenha a consciência de que o mundo ainda existe, mas, que aquele é o seu momento, você é o senhor desse tempo, nada pode derrubá-lo dentro do seu espaço, afinal, você está no controle.

CAPÍTULO 10

Sorria mais

Data: 08/01/2016

Sorria sempre, sei que muitas vezes a vontade de chorar é grande, mas devemos sempre sorrir, devemos carregar o sorriso estampado no rosto e na alma, rir é o melhor remédio contra qualquer problema, quando sorrimos nosso organismo libera substâncias químicas benéficas, quando sorrimos as pessoas sorriem de volta, sorrir para o outro é sinal de aceitação, de benevolência, de bondade.

Acredito que o sorriso é elo entre as pessoas, muitas vezes não falamos a mesma língua, mas ao sorrirmos transmitimos o que temos de melhor em nós mesmos, quando sorrimos abrimos nossa alma para o outro, o sorriso sincero acalma o choro, acalenta o sofrimento, nos mostra a coragem e determinação diante dos problemas da vida, quando sorrimos movimentamos vários músculos faciais, nos tornamos mais bonitos. Quando sorrimos iluminamos a vida de quem recebe um sorriso sincero.

Continue sorrindo mesmo que tudo congregue para que você chore, nesse momento mostre o seu melhor sorriso, nada afeta mais o agressor emocional do que um sorriso; sorria quando sentir dor; sorria sempre, sorria do seu rosto no espelho, alegre-se e sorria sempre, Busque sempre a excelência com um sorriso, é lá que nos encontraremos e sorriremos juntos.

CAPÍTULO 11

Não importa o tamanho
do desafio, persista

Data: 12/01/2016

Não importa o tamanho do seu sonho, persista. Não importa o tamanho do seu desafio, persista. Não importa o que as pessoas dizem sobre o seu sonho, persista. Não importa o quanto ele aparente estar distante, persista. Persiga o seu sonho com toda sua força, sua vontade, sua alma, seu coração, coloque toda sua energia em busca da sua vocação, busque o que te faz feliz. Busque o seu sonho como se sua vida dependesse disso, pois num futuro próximo, quando você estiver fazendo algo que não gosta por oito horas diárias durante seis dias da semana, se lembrará desse momento e se perguntará sobre a escolha errônea, muitas vezes embalada por motivos financeiros ou por pressão familiar, comece agora mesmo a pensar no futuro e questione suas escolhas, procure realizar opções mais felizes, que lhe tragam bem estar, que realize suas aspirações, de maneira a lhe fazer mais feliz.

Busque a felicidade acima de tudo na profissão que escolher, se desejar ser empreendedor, tenha uma atividade que lhe traga prazer, e em ambos os casos o dinheiro irá lhe abundar os bolsos. Busque a realização profissional numa atividade que lhe preencha de bem estar, quando nos realizamos numa área da nossa vida, fica mais fácil realizar-se em outras, fica mais fácil buscar aprimoramento dentro de uma atividade que lhe completa, buscar conhecimento sobre algo que gostamos é divertido, é prazeroso. Busque a realização não somente na vida profissional, se o seu sonho é ter uma família, viajar para a Índia, virar monge, começar a dançar balé depois de adulto, seja qual for o seu sonho, realize, persista, não se renda as críticas que serão tecidas, coloque um fone de ouvido com sua musica preferida, aquela que te coloca pra cima e seja cada vez mais feliz buscando por seu sonho, a busca verdadeira pela realização do sonho é prazerosa, traz alivio ao espírito. A busca pela felicidade deve ser difundida em toda cultura de trabalho, familiar, grupos escolares e religiosos, o estudo sobre como implantar práticas que tragam alegria e bem-estar as pessoas de determinado grupo, deve ser constante em qualquer espaço que preze pela saúde e bem estar das pessoas envolvidas.

Cabe ao individuo buscar pela felicidade, busque algo que lhe complete, corra para a felicidade, esteja onde você estiver não se perca em meio aos comentários, não se deixe cegar pelas ideias de pessoas infelizes e covardes, que não buscaram seus sonhos por medo, que se deixaram cair na amargura. Hoje a minha esposa leu um dos meus textos e me encorajou a continuar escrevendo, ela disse: "faça o que te faz feliz", e eu descobri que o que me faz feliz é buscar pelo meu sonho.

CAPÍTULO 12

Quando você acha que

acabou. Está apenas

no começo...

Data: 14/01/2016

H á algum tempo estava buscando o fio da meada para falar sobre esse assunto e não encontrava, ai vem o Matt Damon e Ridley Scott e me inspiram com esse filme, o que eu quero tratar nesse texto é sobre adaptação, manter a calma, estar sempre preparado para mudanças inesperadas, esse tipo de coisa que pode lhe salvar quando a maioria ao seu redor se mataria por não aguentar a pressão. Quem assistiu ao filme "perdido em Marte" pode se inspirar de várias maneiras, por tratar-se de sobrevivência de uma forma não convencional, afinal o protagonista sobrevive em Marte; o uso da ciência aprendida, ou seja, usar o que se sabe num momento de sufoco e manter a calma para pensar com clareza.

Racionar os alimentos para que durem mais, vemos ai o poder de planejar o cotidiano e de manter a disciplina para alcançar os fins.

Tratando-se de ficção cientifica podemos esperar qualquer coisa, até mesmo inspiração para tocar adiante nossos projetos, quando a personagem protagonista se vê totalmente sem saída, surge dentro dele uma força, uma vontade de viver e ele passa então a raciocinar com mais clareza, em busca de pensar o que deveria ser feito para sair daquela situação com vida, e é assim que devemos proceder no nosso cotidiano, como se nossa existência dependesse do nosso próximo passo, devemos pensar sempre em como usar o que temos da melhor maneira possível, aplicando nossos conhecimentos sem medo de errar, afinal, só temos uma vida, errando ou acertando estamos aprendendo, estamos executando algo.

Devemos por a mão na massa sempre, caso a personagem se sentasse e esperasse pelo resgate, ninguém nem ao menos saberia que ele estava lá, pensando dessa maneira, se lance no mundo, não tenha vergonha de pedir uma oportunidade, se não souber fazer determinada tarefa, seja humilde para pedir ajuda e aprender, mostre interesse, seja a melhor versão de você mesmo, melhore a cada dia, busque aprender coisas novas, afinal nunca se sabe quando seremos testados, arrisque-se, liberte-se de velhos dogmas, abra sua mente para o futuro sem desprezar o passado, livre-se do orgulho, vaidade e dos preconceitos, leve apenas o que for bom. Pois, quando chegar ao fundo do poço estará muito mais leve para a subida. Adaptar-se ao novo é algo primordial ao ser humano, muitas vezes não queremos mudar por comodidade, fuja da sua zona de conforto, aceite desafios e conheça a melhor sensação que existe, que é saber do que é capaz. Busque cultivar uma planta ao menos uma vez na vida e sinta a felicidade de ver os brotos saindo da terra, sinta a terra nas mãos, sinta a vida.

CAPÍTULO 13

Como posso lhe ajudar?

Data: 16/01/2016

Muitos são os pedidos para que compartilhemos os perfis de pessoas que dizem que estão desempregadas há muito tempo e coisas do tipo, na maioria das vezes, senão todas, eu compartilho, o dever de ajuda mútua fala mais alto, não custa nada ajudar, fico pensando na família, nos filhos, nas contas e tudo mais que essas pessoas tem que suportar, enquanto estão disponíveis ao mercado de trabalho. O tempo passa para todo mundo e muitos já estão numa idade um pouco crítica para procurar emprego, pois o mercado tem algumas políticas para contratar depois de certa idade, nesses casos a coisa fica ainda pior, e quando a pessoa não tem a habilitação profissional que o mercado exige, em todos esses casos o sofrimento de ficar desempregado é o mesmo, a agonia de não ter dinheiro para honrar os compromissos ao final de cada mês é idêntico. E eu me pergunto: como eu posso lhe ajudar?

Pensando sobre essa pergunta cheguei á seguinte afirmativa, quantas dessas pessoas que agora se encontram desempregadas estão dispostas a perguntar isso a alguém, mesmo não tendo o suficiente para se manter, ou a sua família, pois, ajudar alguém independe de condições financeiras, status social, nível de escolaridade; podemos ajudar de muitas maneiras, quantas pessoas estão dispostas a largar suas dores para ajudar a aplacar o sofrimento de alguém, quem deixa o sofá ou o chopinho no fim de semana e vai fazer alguma coisa pelo próximo, visitar um orfanato, um asilo, varrer a calçada do idoso que mora ao lado de sua casa. Pedir ajuda é fácil, enxergar o próprio sofrimento é natural, mas, transcender a sua dor e ver a fragilidade do outro, alimentar o menos favorecido, isso é totalmente diferente, é algo enobrecedor. Por muito tempo achei que o sofrimento é questão de escolhas erradas, que, como resultado as pessoas deveria pagar por elas, mas, agora algo mudou, minha visão sobre esse assunto está mais humana, penso que ele plantou algo que resultou naquilo e agora está no tempo da colheita, cabendo eu escolher se ajudo e evoluo, ou abandono e me torno pior do que ele. A escolha de ajudar é minha, posso ajudar com o que eu sei fazer, posso me juntar a uma ONG para obras de ajuda humanitária, posso palestrar em algum lugar para pessoas que necessitam de uma palavra amiga, posso apenas ouvir os idosos, abraçar as crianças.

Eu sei que sempre podemos mais, sei que você pode mais.

Quantos de nós repartimos nosso lanche com alguém na rua, alguém que nunca vimos e este lhe pede alimento. A bondade está nos pequenos gestos, colocar uma vasilha de água na calçada para animais de rua, um pote de ração, isso pode não ser nada pra você, mas, para o animal que sofre é muito, igualmente para o morador de rua que bate a sua porta e lhe pede ajuda, de tantas casas ele escolheu a sua, ele escolheu você, ele está a sua porta pedindo por um prato de comida que na maioria das vezes é jogado fora. Pare, repensem seus atos, podemos ser melhores que isso, podemos fazer a diferença, podemos ajudar mais, quanto mais ajudamos, mais fazemos pelos outros, mais essa energia se espalha, recebemos agradecimentos, recebemos energia positiva. Espalhe amor por onde você for, seja melhor do que já é, seja a diferença que você quer encontrar.

CAPÍTULO 14

Sorte, destino ou trabalho duro?

Data: 20/01/2016

S e você acredita em sorte ou destino eu não sei, eu acredito em trabalhar, trabalho duro e focado; só trabalhar não basta, tem que focar, o foco é que faz toda diferença. Ser focado lhe impede de se perder em coisas sem importância para a sua meta, impede você de ficar patinando no mesmo lugar ou dando voltas atrás do próprio rabo, ser focado lhe joga para frente, lhe dá direção.

Se tudo pudesse ser atribuído ao dueto sorte ou destino, não haveria a necessidade de treinamento aos esportistas para competir, não seria necessário estudo para ingressar no mundo do trabalho, mas, ai me você se pergunta e o famoso "estar no lugar certo na hora certa?", se você não estiver pronto para a função, de nada adiantou estar lá naquele momento; e como se preparar para estar pronto no lugar certo e na hora certa?

Trabalhar duro, essa é a chave, contudo, se você reclama de ter que estudar até tarde, de ter que fazer cursos que a empresa lhe pede ou mesmo de ficar após o expediente para resolver algum problema (oportunidade), você não está trabalhando duro, você pode até querer melhorar, contudo, seus hábitos estão falando o contrário, quando se quer melhorar de verdade, você precisa trabalhar essa vontade para atingir resultados, precisa aprender a perceber a vontade de melhorar que existe em você, quando essa vontade de evoluir for tão grande que não couber em você e ela pulsar querendo sair e transbordar para todos os lados, quando essa vontade envolver todo seu ser, se tornando parte de você, caminhar com você, for sua companheira, essa vontade irá guiar você rumo a novos campos para novas vivências.

Tenho lido vários livros, esse é o meu trabalho duro e focado, sim, ler é trabalho duro, pois, estou focado, e todos eles me mandam trabalhar focado, trabalhar a minha vontade, focar a minha vontade. Trabalho duro e focado não é necessariamente trabalho físico, mas, alguma atividade específica, constante, com firme propósito de gerar evolução dentro da sua esfera pessoal. Há algum tempo, assisti a um filme chamado "O ultimo samurai", neste filme é tratado um conceito sobre foco, quando durante uma luta entre a personagem do Tom Cruise, que está perdendo uma luta contra um samurai, e outro samurai lhe diz que ele está com muita coisa na mente, que ele deveria não pensar, curioso que quando ele foca na luta, ele não ganha, mas, empata. E percebi praticando artes marciais, que se deve trabalhar duro e focado no objetivo final, a movimentação tem que ser fortalecida pelo trabalho constante e a finalização dos golpes requer concentração mental.

Focar a mente no trabalho a ser executado é a melhor forma de realizá-lo com perfeição, ao realizar seu trabalho com maestria e dedicação está buscando garantir reconhecimento e melhor remuneração. Buscando a perfeição, a melhoria contínua, evolução seja uma constante; devemos, portanto, estar em constante vigilância para não nos desviarmos da trilha, uma vez que perdemos o caminho podemos parar muito distante do planejado inicialmente. Se buscarmos calcular um grau fora da nossa rota, no final da jornada estaremos muito longe do ponto final pensado no início da jornada.

Quando buscamos o foco, ou seja, não pensar em outra coisa que não seja importante naquele momento, estará, na verdade, afiando a nossa mente, nos tornando mais precisos, assim como uma faca após passar por um processo de afiação tem seu corte mais preciso, facilitando o trabalho da pessoa que a utilizará, assim é com a nossa mente, quando focamos em determinado assunto e nossa mente está nesse estado de foco, nosso trabalho se torna mais fácil e pontual, não nos desviamos da rota.

CAPÍTULO 15

Seja extraordinário,
faça a diferença.

Data: 24/01/2016

Há algum tempo eu estava me perguntando qual seria o sentido da minha vida, o motivo pelo qual eu respirava, me levantava ou até mesmo continuava vivo; esses questionamentos não saiam da minha cabeça, pensava na carreira militar que eu havia abandonado, me perguntava qual era o motivo pelo qual eu abandonara o que gostava de fazer e tinha vindo trabalhar numa prisão, cheio de pessoas de má índole, que só pensavam em fazer o mal; sempre me questionava os motivos para ter vindo parar dentro dessa realidade, que em nada me seduzia, não encontrava razão de ser, pensava que sair desse emprego e ir para outro seria a melhor coisa a fazer. Mas, de repente, alguma coisa mudou, alguma coisa está diferente, não sei dizer o que é, ainda, mas, posso afirmar que eu estou me desligando desses pensamentos destrutivos, estou me desconectando desses sentimentos de derrota, não sou uma vítima, estou descobrindo que sou autor da minha história, sou protagonista desse enredo, estou me redescobrindo como ser humano, reconectando as minhas origens. Desde que comecei a escrever descobri que posso contribuir para melhorar a vida de muitas pessoas, pois, muitos são os recados que recebo, pessoas agradecendo por compartilhar conhecimento, conselhos sobre os temas abordados (são muito bem vindos), críticas, enfim, uma grande quantidade de pessoas que estão sendo impactadas pelos textos, isso está mudando minha vida para melhor, saber que posso ajudar mais pessoas, que posso fazer a diferença, é motivador, é instigante, é recompensador e além de tudo, traz uma sensação de liberdade maravilhosa, poder expressar meus pensamentos, expor o melhor de mim, sem medo de reprovações.

Descobri que sempre posso ser melhor, muito há que ser feito e eu posso ser parte nisso, um agente catalisador de mudanças positivas, de melhorias na vida das pessoas, essa é uma missão que cumprirei com prazer, então descobri o que me fez mudar radicalmente a minha vida como citei no começo do texto, precisava ter visão de vários ângulos da vida para poder chegar nesse nível de consciência no qual me encontro. É clichê, mas, me sinto como na fábula da águia e a galinha, sendo uma águia criada entre galinha, pensando como galinha, contudo, o espírito é de águia e não tem como se contrariar aquilo de que se é feito, você se sente diferente, não se enquadra naquele mundo, o galinheiro não é o habitat de uma águia, comer restos de comida não é comportamento de águia, ciscar o chão não é comportamento de águia, ser morto e ir parar numa panela, muito menos, então acontece que um dia a águia olha pra cima, avista alguém de sua mesma espécie e se reconhece, nesse momento não suporta mais aquela falsa realidade, onde era uma galinha, nesse momento abre as asas e mesmo desajeitada alça voo. Nesse momento estou me reconhecendo como águia; já não sinto a fragilidade de quando estava vivendo dentro do galinheiro.

Quando chega á hora, arrancamos força não se sabe de onde, quando você descobre qual é a sua missão, sua verdadeira missão, quando você foca no que tem que ser feito e descobre que sempre pode fazer melhor, que pode se renovar, se reconstruir, se refazer, se reinventar nesse momento, você descobre que pode ser extraordinário, descobre que pode fazer tudo diferente, que não precisa se cobrar pelo passado, nem se perturbar pelo futuro, pois ambos não existem, só existe o agora, só existo esse tempo para fazer a diferença, para ser melhor do que jamais foi. Existe sempre uma escolha, escolha ser extraordinário, escolha sempre melhorar cada vez mais, escolha acertar sempre, escolha ser grande, escolha ajudar sempre o maior número de pessoas.

CAPÍTULO 16

Seja extraordinário, faça a diferença – parte II

Data: 26/01/2016

Vou começar este texto com a seguinte afirmativa: VOCÊ PODE MAIS. Sim, sempre podemos fazer mais e melhor, sempre podemos fazer melhor do que fizemos ontem, sempre podemos superar a nós mesmos, quando nos comparamos aos outros temos a tendência de nos diminuirmos, então pare com essa coisa de competir com os outros, invista em você e nas suas competências, supere a si mesmo sempre, as outras pessoas irão reparar em você e em como está focado, como você se tornou disciplinado, em como não está mais disperso observando as outras pessoas e que não comenta mais as fofocas da turma do outro setor. O ser humano é fantástico, a capacidade de mudança e adaptação é espantosa, somos capazes de muito mais do que julgamos, nos momentos de maior aflição descobrimos a força que temos, muitos são os relatos de mães que levantaram carros, sozinhas, para poder retirar o filho preso sob o veiculo, de pessoas que se jogaram de altura imensas para salvar outro ser humano e nada sofreram; de pessoas que sobreviveram dias perdidas na mata e se alimentaram de coisas repugnantes que fariam estômagos de muitas pessoas revirarem, ou de sobreviventes de diversos tipos de acidentes e tragédias que passam dias em situações das mais diversas, desde soterrados até perdidos em montanhas cobertas por neve, tendo que devorar seus companheiros mortos, mas, que sobreviveram. Desta feita somos seres incríveis, contudo, estamos nos deixando contaminar pela propaganda negativa de vários veículos de comunicação que dizem que somos fracos, que somos vulneráveis, que somos algo desprezível, não se deixe levar por esse tipo de mentalidade, não venda seu valor, não deixe que lhe tirem o que tem de mais precioso, que é ser humano.

Mergulhe em você, busque lá no fundo o que você tem de mais precioso, observe como você é maravilhoso, somos perfeitos, somos a melhor invenção da criação, temos dentro de nós várias tecnologias, temos um cérebro fantástico, que dá de dez a zero no melhor computador que existe, laboratórios de química (fabricamos hormônio e outras substâncias), sistemas de limpeza e purificação (rins), entre outros, somos perfeitos, não se deixe enganar por aqueles que dizem que existimos aleatoriamente, que um dia viraremos adubo para flores no cemitério ou comida de minhoca, se for isso mesmo, cultivarei as mais belas flores. Não se deixe embrutecer os sentidos, abra sua mente e contemple o belo em você, veja em seu rosto a formosura, visualize cada linha de expressão, elas contam a sua história, tenha rugas, de tanto rir, ria de si mesmo, não estou dizendo para ser egoísta, mas se complete, para que ninguém complete você de maneira a contrafazer seus gostos, não se deixe dominar, nem domine o próximo, viva em harmonia com a criação ao seu redor.

A busca por ser melhor a cada dia começa com a aceitação dos seus defeitos e a disposição para melhorá-los o máximo possível, busque ser sempre ativo, leia mais, coma de maneira mais saudável, pratique exercícios, converse com mais pessoas, converse com estranhos, converse com crianças, ajude mais pessoas, ria mais, beba muita água, bebidas alcoólicas de forma moderada ou evite se possível, escute mais, converse com seus antepassados, mesmo os que já não estão mais aqui, acredite sempre que as coisas irão dar certo, seja uma pessoa mais positiva, trabalhe por alguma coisa que não seja somente o dinheiro e ele virá de uma forma ou de outra, acredite que o universo sempre se arranja de um jeito a lhe proporcionar o melhor aprendizado, e por fim, acredite em si mesmo.

CAPÍTULO 17

O que você tem feito para mudar a sua vida?

Data: 03/02/2016

V ou começar com questionamentos sobre como anda o seu nível de contentamento com o seu cotidiano, seu trabalho, sua família, seus relacionamentos, suas amizades, entre outras situações que podem lhe tirar o bom humor, mas que com algumas atitudes podem ser mudadas ou até retiradas por completo da sua vida, trazendo com isso bem estar e sentimento de renovação para seu dia a dia.

Como anda sua vida profissional?

Como anda sua vida familiar?

Como anda seu casamento?

Você é feliz na profissão escolhida?

Você tem feito o que gosta?

Você tem convivido com pessoas que acrescentam algo a sua vida ou apenas para não ficar sozinho/a?

Saiba que você não está sozinho, pois, muitas são as pessoas que estão na mesma situação que você, falta a elas a coragem para romper com as amarras que as prendem nesse tipo de vida, com empregos medíocres, amizades falsas ou superficiais, num casamento infeliz, caminham pela vida como se sua existência não tivesse importância, nem mesmo para elas mesmas, agindo dessa forma definham e sofrem diariamente, presas a uma existência sem sentido e prisioneiras da própria falta de atitude.

Decida que vai ser feliz, que vai mudar de vida, de cor de cabelo, de cidade, de estado, de país, de religião, de sexo, enfim, decida que vai ser feliz. Você pode decidir a qualquer momento deixar esse estilo de vida que tanto afugenta a felicidade e partir para desbravar a distante terra do prazer, busque sentir prazer em tudo que for fazer, mesmo que de inicio você não se sinta disposto a sentir dor, sim mudar dói, essa dor pode ser física - caso de ir pra academia, pode ser emocional - romper velhos hábitos ou relacionamentos, contudo deve-se buscar enxergar os resultados futuros. Com certeza muito dos pesos que carregamos nos é desnecessários e muito alívio nos causa abandoná-los, carregar relacionamentos que em nada acrescentam é cansativo e nada motivador, podendo ser empecilho para seu progresso, busque de forma educada dar um basta nesse tipo de situação, não assuma responsabilidades no calor da emoção para não sofrer depois por ter feito más escolhas. Na dúvida não faça, faça somente o que é bom para você, é meio egoísta, mas é assim mesmo, normalmente quando aquele amigão vem lhe pedir algo que só um irmão faria ele vai pedir para você sacrificar sua felicidade pela felicidade dele, na maioria das vezes nem é seu amigo assim, saia fora desse tipo de relacionamento. Esse é o seu momento de ser feliz, de conquistar o que você deseja, fazer aquela viagem, começar aquele negócio, ter um filho, não importa, esse é o seu momento, terá que pensar direito em quem estará com você nessa hora.

Escolher sempre o melhor para você não significa que, tem que abandonar as causas humanitárias em que acredita, deixar de alimentar os mais necessitados e coisas do tipo, significa que você está no topo de prioridades para sua felicidade, se dentro da sua felicidade estão essas coisas, ótimo, contudo, busque sempre ser feliz, ninguém pode ajudar outras pessoas se estiver precisando de ajuda. Seja feliz em primeiro plano, para depois dar felicidades às outras pessoas, difícil alguém dar algo de que não dispõe. Ser feliz em todos os aspectos, realizar desejos, buscar nova ocupação, mudar um relacionamento, conhecer gente nova, esse tipo de comportamento é libertador, quando se vive aprisionado dentro de relações tumultuadas. Buscar o melhor para nós é o melhor que podemos fazer para quem está ao nosso lado, muitas vezes sofrendo também por nos ver tristes ou angustiados, com vida atual e sofridos.

Mudar nossa vida nem sempre é fácil, mas, é necessário se quisermos a felicidade.

CAPÍTULO 18

Você é o grande criador da sua vida

Data: 05/02/2016

Tudo que acontece em nossa vida somos nós mesmos quem atraímos, de uma forma ou de outra, pode parecer à primeira vista que eu estou falando de livros de autoajuda, no entanto, conforme executamos nossas ações no cotidiano, nossos hábitos, nossas manias, esse conjunto de atitudes determinam como será o nosso futuro, nesse contexto cabe lembrar uma verdade, nunca colheremos o que não plantamos e colheremos exatamente aquilo que nós plantarmos, você acredite ou não.

O que acontece é que, quando tomamos certas decisões, sem a devida reflexão, o que sobrevier como resultado pode nos afetar negativa ou positivamente, depende do ato inicial, olhando por esse ângulo, será melhor começarmos a nos policiar. Quando vemos uma pessoa reclamando sobre tudo, sobre seus relacionamentos, sua situação financeira, seu emprego, seu chefe e etc., observe em quanto tempo ela terá mais daquilo de que ela está reclamando, é a realização da famosa afirmação de que o "castigo vem à galope", nesse caso a melhor coisa é manter certa distância para não ser pisoteado pelo tropel. A pessoa que reclama está sempre precisando de plateia, o que ela mais quer é um interlocutor que a escute e que concorde com todas as suas pseudo mazelas, com o passar do tempo acompanhando as reclamações desse chato de galocha, você corre o risco de se tornar, também, uma pessoa negativa, nesse caso a matemática como ciência exata nos diz (-1)+(-1)= -2, ou seja, agora vocês dois estarão negativos, a melhor coisa nesses casos é fazer com que a pessoa entenda que reclamar não é o melhor caminho e que ela deve buscar ajuda especializada, se houver essa necessidade.

Você é responsável pela sua vida, quer noticia mais libertadora que essa; saber que pode construir o futuro que desejar, mas, fica a dúvida, como se constrói uma vida, as perguntas são muitas, é algo místico, tem que tomar remédio, entrar numa máquina, muitas são as aflições pelas respostas. É algo muito simples, requer que se olhe, onde você está hoje, isso mesmo, faça uma autoanálise, o ponto onde está, é onde você gostaria de estar nesse momento? O seu "eu" de dez anos atrás estaria satisfeito com o seu desempenho atual? É meio desorientador de primeira, contudo, pare e pense sobre a sua vida, sem auto piedade veja onde errou, onde esse erro te levou, se o está sempre repetindo, anote todos esses dados, todos que achar que são importantes, reflita como pode transformar isso num habito positivo, veja também os atos que deram certo e como você pode melhorá-los ainda mais, com isso melhorando a sua performance, a resposta para a pergunta de como irá criar a sua própria vida é melhorar a si mesmo.

Aprenda um novo idioma, aprenda a dançar, mude de emprego ou de atividade, mude de cidade ou de país, comece do zero, se necessário, comece uma causa humanitária, desde que o objetivo seja construir uma existência melhor do que aquela que você vinha levando e que estava matando-o aos poucos, a busca pela vida verdadeira pode levá-lo a muitos lugares, aprenda sempre, observe mais e fale menos, torne-se uma autoridade para si mesmo, seja senhor do seu destino, não entregue sua sorte ao acaso, o golfista Tiger Woods diz que sua sorte mudou, mas, somente depois que ele passou á treinar dez horas por dia, então, não entregue sua sorte ao acaso, pratique o que você deseja viver e quanto mais praticar melhor se tornará, logo, estará levando a vida que tanto almeja, de uma forma plena. Seja sempre positivo, fale sobre coisas positivas, leia literatura alegre, procure estar com pessoas com os mesmos ideais, cerque-se de tudo que possa levá-lo em direção ao seu destino, este criado por você, não deixe que ninguém seja o escritor da sua história, não entregue a sua vida na mão de ninguém, pode até escrever junto, mas, esperar que outras pessoas te façam feliz ou que realizem os seus sonhos, por completo, é como jogar na loteria, terá chance muito pequena de sucesso.

CAPÍTULO 19

Espalhe amor em todos os atos

Data: 09/02/2016

Infelizmente o mundo está esquecido do valor do amor, parece que estamos anestesiados, como se não conseguíssemos enxergar o próximo, a humanidade está enlouquecida; estamos, em escala mundial, sofrendo de intolerância, seja religiosa, racial, sexual, entre outras. Somente a sua cor de pele é a melhor, então se você tiver a sua cútis negra e seu filho nascer albino, ele deverá ser entregue para adoção?

Não seria melhor se o amor fosse a forma de unir todas as religiões, sendo a raiz de todas as religiões é o amor, então são irmãs; se todas as pessoas tem sangue vermelho, se cortar a pele esta sangra da mesma cor, se tirar todos os tecidos corporais o que sobra é o mesmo esqueleto, então essa roupagem com cor diferente, cabelo diferente, orientação sexual diferente, nada mais é do que uma particularidade que nos torna único no universo e nos faz ser especial, deveríamos ver o outro como uma obra prima, somos todos únicos, cada vez que um ser humano tira a vida de outro está acabando com algo único no universo.

Precisamos rever nossa maneira de enxergar esse micro universo que nos cerca, esperamos amor e blá, blá, blá; mas e quanto ao que fazemos para ser o amor na vida das outras pessoas, esperamos encontrar uma pessoa que nos complete, mas, e nós, completamos a vida de alguém ou apenas queremos preencher nosso próprio vazio egoístico?

O que precisamos é fazer o bem de forma a não esperar nada em troca, quando ficamos esperando uma recompensa por algo, perdemos a chance de sermos grandes em benevolência, de sermos filantropos, de sermos um com Deus. Muitas pessoas reclamam que outras são ingratas, entretanto, esquecem-se de que devemos ajudar a todos sem esperar benefícios, pois ai não seria ajuda, mas, tão somente troca de favores, não é o bem verdadeiro, não existiu amor pelo próximo, há ai tão somente a vontade de ser ajudado no futuro, sem amor no ato. Não devemos esperar nada em troca, nem tampouco escolher quem devemos ajudar, mas, quem precisar; se ajudarmos apenas quem nós conhecemos e que nos fazem bem, que bondade haverá nesse ato.

Espalhe amor com atos, gestos e palavras, sem escolher a quem direcionar esse sentimento, você não é obrigado a sair dando pulos pelas ruas beijando todo mundo, mas, ser gentil e sorrir verdadeiramente para as pessoas que cruzam o nosso caminho, transformando o dia delas, iluminando a vida das pessoas com palavras de encorajamento, dando bons conselhos, esperança, amor e paz; tudo isto pode salvar uma vida. O contrário também pode acontecer, pode-se acabar com o dia ou com a vida de alguém, pelo mau uso das palavras, devemos sempre refletir antes de proferir palavras para alguém. As crianças, muitas vezes por não conhecer o valor e o poder das palavras, ferem-se, umas às outras, com chacotas dirigidas aquelas de aspecto mais frágil, podendo criar seqüelas que se revelarão mais tarde em forma de distúrbios diversos, atrapalhando a vida dessa criança, também nesses casos devemos educar nossos filhos para o uso correto da palavra. Sim, é você, pai e mãe, quem deve educar seu filho, pois, na escola ele recebe instrução formal, a obrigação quanto à educação para a vida em sociedade de nossos rebentos é nossa, devemos orientá-los quanto a sua conduta em sociedade, aquele velho ditado que diz "educação vem de berço" continua super atual, contudo, os pais estão á todo momento, talvez devido a correria da vida moderna, tentando transferi-la para a escola. Existe uma forma de educar que não requer o menor esforço por parte dos pais, uma forma tão poderosa que é capaz de moldar o caráter de qualquer pessoa, que é através do exemplo, o exemplo é a melhor forma de educação que existe, uma criança tende a imitar o seu primeiro modelo de conduta, seu pai e sua mãe. Pense bem na próxima vez que for fazer algo perto de seu filho, ele está só observando e aprendendo.

CAPÍTULO 20

Uma pessoa de sucesso, costumeiramente, gosta de fazer o que as fracassadas não gostam de fazer.

Data: 13/02/2016

O que está impedindo de fazer sucesso?

Qual é a sua crença limitante?

Como você alimenta seu fracasso?

Quais são suas desculpas para o fracasso?

Acredito que ninguém quer ser um fracassado a vida toda, todos querem a vitória, querem ser os melhores dentro de sua área, precisamos, então, eliminar as respostas para as perguntas feitas no começo deste texto. Se você já identificou quais são suas respostas, ótimo, caso não tenha feito, não tem problema, desde que esteja seriamente consciente de que precisa mudar, precisa achar a razão para a mudança, qual é o motivo que causa a você vontade suficiente para essa transformação. Todos, temos em mente que, sermos melhores a cada dia é o caminho perfeito para nossa vida, uma vez consciente disso, busquemos no fundo das nossas lembranças o momento exato em que começamos a nos deixar de lado, a postergar nossas necessidades, momento em que aceitamos que ser medianos é o correto. Esse momento é crucial para nossa mudança interior, uma vez identificado esse instante, voltemos um pouco mais nas nossas lembranças e nos veremos assim como éramos, cheios de vontade, imponentes, prontos para dominar o mundo, munidos de um entusiasmo contagiante, ao se lembrar disso traga para o presente esse sentimento com um grito bem alto, a palavra "agora", trazendo todos esses sentimentos positivos para o presente momento, sinta essa onda de energia percorrendo todo seu corpo, um arrepio pela espinha levantando os cabelos. Então toda vez que estiver sentindo como se fosse ficar para baixo, vá à algum lugar onde possa se manifestar sem censura e coloque para fora todos esses sentimentos positivos novamente. Uma boa dica é criar uma palavra com significado só seu para fazer isso, não conte a ninguém e toda vez que precisar repita para você mesmo no volume de voz que quiser.

Alimente seu cérebro com boas leituras, assistindo palestras motivacionais, faça cursos livres em áreas que te façam sentir-se melhor no trabalho e no convívio familiar, pratique esportes, alimente seu corpo e alma com coisas boas e belas, vá ao museu, ao cinema, saia com os amigos, coloque vida na sua existência. Cada vez que colorimos nossa existência com acontecimentos positivos estamos mais perto do sucesso, sendo essa uma estrada muito fácil e prazerosa de trilhar, a busca pelo sucesso inclui em sua rota paisagens de extrema beleza, as quais, podemos desfrutar ou deixar passar enquanto olhamos apenas para nossa própria mesquinhez.

Pessoas de sucesso levam consigo todos os amigos juntos com ela, normalmente, ajudam a quem não conhecem sem esperar por isso reconhecimento; uma vez que praticaram tal ato, podem ter certeza que receberam ajuda de outras pessoas também, acreditem na bondade, pratiquem a bondade. Dividam mais, doem seu tempo, parem para conversar, escutem e aprendam, pode ser com o CEO de uma multinacional ou com o vendedor de pipoca, todos tem algo a ensinar, basta estar aberto ao aprendizado. Motivação e aprendizado são igual banho, tem que tomar todo dia, se possível mais de uma vez.

Pare de se desculpar e continuar repetindo os mesmos erros, não seja queixoso colocando a culpa da sua falta de atitude nos outros, sob a alegação de que ninguém lhe dá uma chance. Construa a sua chance, faça acontecer, busque sempre estar onde ninguém vai, afinal, se você quer viver o que os outros não vivem, tem que fazer o que os outros não fazem. Se proponha a realizar algo que lhe parece impossível, correr uma maratona, saltar de paraquedas, sei lá, pense em algo desafiador, mergulhe de cabeça no projeto, coloque metas, dia para realização, como se fosse um plano de negócios, estabeleça pequenos prêmios para cada meta alcançada, quando chegar o dia realize e veja quão prazeroso é o sabor da vitória.

Esqueça tudo que lhe faz sofrer, afaste-se de pessoas que te põem para baixo, livre-se de velhos estigmas, nada do que te faz sofrer vale à pena carregar, é como se você carregasse o mundo nas costa e ninguém desse a mínima, somente querendo ser carregado, esqueça das vezes que sofreu, elas estão no passado, não há o que fazer, não podemos mudar o nosso passado, mas, podemos fazer um futuro radiante, cheio de felicidade.

CAPÍTULO 21

Toda mudança
começa na mente

Data: 17/02/2016

Muitas pessoas acham que quando afirmamos que o pensamento materializa objetos tangíveis, estamos falando de magia, de algo sobrenatural, quando na verdade estamos falando do processo de criação, toda ideia nasce no intelecto humano, todo designe floresce primeiro na mente e depois toma forma através das mãos do artesão. Então não acreditar quando se ouve que quem pensa enriquece, é perda de tempo e dinheiro, pare para ver e ouvir os maiores nomes desse segmento, quer, seja profissional de PNL, parapsicologia, motivação, entre outras áreas que dizem que o pensamento é força motora da criação. Acredito piamente que a mente é geradora de riqueza, que há um enorme potencial de criação a partir do raciocínio, então se a mente humana tem esse potencial o que o está impedindo de evoluir?

Toda mudança começa primeiro no desejo de mudar, que começa na mente e depois é exteriorizada, há que se desabrochar a ideia de mudança, lapidar o conceito e depois partir para a prática, esse processo tem aspectos temporais diversos, ou seja, algumas pessoas despertam mais rápidas que outras, existem pessoas só passam por essa transformação ou desejo de mudança no fim da vida, sentindo como se tivessem dormido a vida toda, sentem como se tivessem assistido a vida de outra pessoa, nunca tomando as rédeas da própria existência. Uma das principais causas para que não ocorra essa mudança seria o comodismo, achar que está tudo bem como está; estar com dez quilos, acima, do peso esta bom? Estar casado sem amar o cônjuge está bom?

Desculpe-me os que responderam sim, mas, se você não tiver feito voto de castidade ou for lutador de sumo, não tem nada de bom, a vida deve ser vivida, deve ser aproveitada ao máximo. E onde encontraremos força para mudar a nós mesmo? Lógico que estímulos de fora são importantes, mas, não adianta séculos de terapia se não houver o desejo sincero de mudança, onde nasce esse desejo, senão, na mente humana. A mente é o catalisador da mudança, a reprogramação da mente humana é necessária para que haja essa mudança de uma forma definitiva, devemos olhar para dentro de nós e ver o que desejamos mudar, plantar essa frágil sementinha e regá-la, para que floresça. Quando mudamos os conceitos na nossa mente, tal mudança se torna perceptível exteriormente, passamos a ter fisionomia diferente, as pessoas do nosso convívio passam a reparar chegando a comentar sobre alguma mudança, o que estava dentro está se tornando visível, esta tomando forma. Não importa o numero de cirurgias plásticas, se o interior não rejuvenescer.

A mente é o berço da criação, da mudança, da preparação, podemos dizer que todas as coisas começam na mente, impossível que algo comece fora da mente, quer uma prova? Vou pedir a você que escreva num pedaço de papel seu nome, sem pensar no seu nome, escreva um numero qualquer, sem pensar no numero. Não tem jeito. Vou além, vou provar a você que todos nós podemos ser criativos, pense numa ave com penas azuis de bordas brancas, de bico laranja, de patas vermelhas, com olhos amarelos, acabo de criar essa imagem e você possivelmente imaginou dentro da sua cabeça conforme a minha descrição, acredito que você possa criar coisas muito mais interessantes que essa ave sem sentido criada por mim. Decida agora o que quer fazer da sua vida, se quer ser músico, jogador de golfe, esportista, médico ou piloto de avião caça, decida e não fique apenas fantasiando, pois, desta forma não estará em processo de criação, mas apenas em devaneio, todo processo de criação pode ser colocado na seguinte proporção, noventa e nove por cento de transpiração e aquele um por cento de inspiração, clichê, mas é isso mesmo, moldar na mente é a parte fácil do processo, depois chegará a parte de colocar em prática, ai a coisa muda de figura, é hardwork, contudo, é a melhor parte, é onde o que foi sonhado toma forma, as metas impostas começam a acontecerem e podemos ver claramente do que somos capazes, se antes duvidávamos, agora acreditamos na nossa força de vontade.

CAPÍTULO 22

Renascer

Data: 13/06/2017

B om dia, nesse momento são seis horas da manhã e desde as quatro horas que estou me revirando na cama e uma ideia não sai da minha cabeça "volte a escrever", pensando nisso me questionei o que me levou a parar e simplesmente não encontrei resposta suficiente para continuar sem escrever, Escrever liberta nossa mente para um mundo de infinitas possibilidades, pela escrita podemos ser quem nós quisermos dentro do universo que criarmos, romances e aventuras são vividos, contos fantásticos tomam forma, lições são passadas, através da escrita podemos nos identificar como pessoa dentro da nossa comunidade, dentro do mundo.

Toda vez que eu me sento em frente ao teclado para escrever é como se eu falasse ao mundo o que está ocorrendo dentro da minha mente (inquieta), escrever me liberta das minhas pseudo limitações, estas criadas e mantidas também por mim, então, por que cargas d'água vão manter algo que está impedindo que eu alcance o meu potencial infinito - isso baseado nos maiores gurus de todas as áreas, então sentado de frente para esse teclado e vendo neles infinitas formas de impactar meus leitores devo transcrever meus pensamentos da forma mais simples e rica em detalhes possível, todavia, como não me expor demais para que eu não cause espanto ou mesmo repulsa aos que irão digerir minhas palavras, na verdade ainda não sei o que fazer, mas de uma coisa tenho certeza, preciso escrever e libertar-me da inércia causada pela minha decisão de parar de escrever.

Tudo nesse texto gira sobre voltar a escrever ou me afogar num mar de palavras não escritas e eu definitivamente não vou me afundar nesse emaranhado de pensamentos. Sempre que escrevo gosto de pensar que estou conversando com as pessoas, acredito piamente que a leitura deva ser uma conversa do autor com o leitor, uma agradável troca de informações; sinceramente, espero que esteja sendo assim também entre você e eu. Espero que minhas palavras toquem sua alma, que entenda o motivo de eu estar conversando contigo sobre essa minha decisão de me manter vivo, como escritor.

Deixo meus sinceros agradecimentos e repito busque sempre a excelência, pois, é lá que nos encontraremos. Tenha um bom dia e uma excelente semana, que todos os seus objetivos sejam alcançados.

SUGESTÃO PARA
LEITURA

Autores

E u costumo indicar autores, os meus preferidos, pois, normalmente, toda obra de um autor é rica em conteúdo, são eles:

Anthony Robbins;

Flavio Augusto da silva;

Robert Kiyosaki;

Caio Carneiro;

Napoleon Hill;

T. Haver Eker;

Gustavo Cerbasi.

Entre outros nomes que coroam com extrema sabedoria a cena dos livros de empreendedorismo, economia, empoderamento e outros temas relevantes para quem quer se desenvolver, seja como pessoa, seja como empreendedor.

AGRADECIMENTOS

Agradeço a Deus, por seu imenso amor, incondicional, nos momentos mais difíceis eu sei que Ele está junto a mim. Agradeço a minha esposa, por sempre acreditar em mim, ser companheira fiel e dedicada, por ter sonhado os meus sonhos, por me acompanhar em todas as nossas aventuras, por ter atravessado comigo todos os desafios. Agradeço aos meus filhos, Isabela, Francisco e Luísa, por serem os melhores filhos que um pai poderia desejar. Agradeço aos meus antepassados, pois, tudo que eles trilharam, me trouxeram até este momento. Agradeço aos meus pais, pelo amor devotado.

www.ingramcontent.com/pod-product-compliance
Lightning Source LLC
Chambersburg PA
CBHW020607220526
45463CB00006B/2481